AF450622

OFFERT

à M.

par

Ch. Faure, à Lille.

ELIE-CÉSAR GRUYELLE

Fabricant de Sucre
Ancien Entrepreneur de Travaux publics
Maire de la Ville d'Hénin-Liétard
Président de la Musique Municipale
Membre de la Chambre de Commerce de Béthune.

CÉSAR-ÉLIE

GRUYELLE

———

1832 - 1895

———

LILLE

IMPRIMERIE L. DANEL

—

1895.

La mort récente de M. Élie GRUYELLE (8 février 1895)
a frappé bien douloureusement sa famille, ses nombreux
amis et ses administrés.

Mû par une pensée de reconnaissance, je vais essayer,
en quelques pages, de retracer les principaux traits de la
vie si bien remplie de ce grand travailleur, plus encore,
de cet homme de bien ; énumérer les services éminents
qu'il a rendus à l'Industrie, pénétrer dans l'intimité de la
vie de travail, d'honneur et de dévouement de l'homme
bon et généreux qui restera un modèle pour tous ceux qui
l'ont connu.

Je n'ai qu'une crainte, c'est de rester au-dessous de ma tâche, de ne pas dire assez, et de ne pas exprimer, comme je le voudrais, les sentiments d'estime et d'affection qu'il avait su inspirer.

César-Élie Gruyelle est né à Dourges, le 30 juillet 1832. Il était le troisième d'une famille de sept enfants qui tous ont beaucoup travaillé et dont trois vivent encore. Son père et sa mère étaient issus de deux honorables familles de cultivateurs : les Gruyelle, de Dourges, et les Hurez, d'Hénin-Liétard.

Son père, géomètre, qui n'avait pourtant reçu que l'instruction élémentaire de l'époque, décida de la carrière d'Élie et de celle de ses trois frères.

A l'âge où nos fils sortent aujourd'hui des écoles, M. Élie Gruyelle était déjà un entrepreneur estimé et recherché pour les remarquables travaux exécutés par lui seul. — Il n'eut jamais d'associés. — A trente ans, il est plus extraordinaire que lorsqu'il fut véritablement arrivé, et, quand il eut travaillé, à partir de 1863, pour les Kolb et les Flament qui sont la gloire des Ponts-et-Chaussées, il devint leur entrepreneur préféré. Leur satisfaction était grande quand ils pouvaient dire, après chaque soumission de travaux : « Adjugé à M. Élie Gruyelle qui a mis le plus fort rabais. »

Mais en retour, avec quel respect et en quels termes il

parlait de ses Ingénieurs ! car s'il était autoritaire, personne plus que M. Élie Gruyelle ne reconnaissait l'autorité et s'il péchait c'était par exagération.

Tout ce que ses Ingénieurs faisaient, tout ce qu'ils disaient, tout ce qu'ils pensaient était bien fait, bien dit et bien pensé. Tout le temps qu'il travailla sous leurs ordres, il ne les contraria en rien, il fit comme eux, il dit comme eux, il pensa comme eux.

Pour ceux qui prendront M. Élie Gruyelle pour sujet d'étude, ils découvriront en lui une caractéristique qui ne le quitta jamais complètement. Il prit un modèle qu'il s'efforça de suivre et lui, qui a conquis l'indépendance absolue à la force du poignet, ne fut pas absolument indépendant, principalement en politique quand il en fit forcément sur le tard, il subit certaines influences et quand le public ignorant crut que M. Élie Gruyelle imposait la sienne il se trompait. Qui de nous pourrait se vanter d'avoir toujours pu ou toujours su s'affranchir en pareille matière, et n'y a-t-il pas aussi le dirigé sans le savoir comme il y a le philosophe sans le savoir ! Au moins, M. Élie Gruyelle s'il reconnut son erreur ne récrimina pas et resta l'ami fidèle des mauvais comme des bons conseillers. Nature d'élite ! ne jurant jamais, ni tôt ni tard, qu'on ne l'y reprendrait plus.

Sa vie est vraiment intéressante à connaître et peut

servir d'exemple aux découragés de ce monde. Sa jeunesse montre l'importance du rôle subordonné, tant dédaigné par la génération actuelle, précédant la position indépendante.

Nous voyons le jeune Élie Gruyelle, d'abord modeste et réservé dans ses désirs, à cet atelier de St-Venant, où à peine âgé de quatorze ans, il est chargé du tracé de toutes les pièces de menuiserie et de charpenterie. Il dessinait d'intuition et il prouvait ainsi qu'en dessin , un croquis fait avec soin dispense souvent de longs calculs et de fastidieuses descriptions.

A seize ans il est appointé à la Compagnie du Chemin de fer du Nord, où il seconde son père dans les arpentages et les nivellements ; bientôt il montrera avec quelle promptitude et quelle sûreté il dresse un projet. Les aide-mémoire lui sont familiers et à peine majeur il est nommé piqueur des travaux, il est alors détaché de son père et vole de ses propres ailes. L'arrondissement d'Avesnes est le théâtre de ses premiers travaux importants, où il se distingue par une persévérance et une tenacité étonnantes, visitant les travaux des autres, observant leur manière de faire, interrogeant leur expérience et mettant en pratique, pour lui-même, un art que lui a enseigné sa mère : L'art de dépenser peu et d'être content de son sort. M. Élie Gruyelle restera aussi toute sa vie un économe et quand il sémera l'argent ce sera pour répandre le bien autour de lui. Jamais fils n'aima sa mère d'un plus tendre amour et n'en fut plus aimé. Je suis certain, que très souvent, arrivé au succès, il a dû se dire : C'est pourtant ce modeste passé qui a décidé de mon avenir. Que de fois aussi je fus interrogé sur M. Élie Gruyelle par des personnes qui le voyant à l'œuvre et ignorant ses débuts, le croyaient sorti un des premiers d'une de nos grandes Écoles. Il fallait bien répondre que M. Élie Gruyelle avait quitté l'école primaire de Dourges, à l'âge de 12 ans, quand l'instituteur lui eut communiqué ce qu'il savait, pour suivre son père et que depuis lors il n'avait plus fréquenté aucune école théorique. Ce qu'il sait, ajoutai-je, il le sait bien et il l'a appris seul, à la façon des Stephenson et des Crampton. De longues veilles et un travail persévérant développèrent sa science.

A la pratique, il joignait la connaissance des hommes de travail, sachant se mettre à la portée des ouvriers ; ferme et juste avec eux ; ne leur témoignant jamais ni mépris, ni arrogance ; terrible seulement pour les paresseux, mais toujours d'une extrème réserve dans ses jugements. Si ses succès furent durables c'est que son temps fut toujours bien employé. Il ne connut jamais, ni le jeu, ni la dissipation. Dans son demi-siècle de travail il n'eut pas un jour d'inactivité, même pendant la maladie qui devait l'emporter, il a montré partout et toujours une grande énergie de caractère, de la persévérance, de l'esprit de suite et par dessus tout de l'ordre et une conduite sans reproches à tous égards ; nous pourrions dire exemplaire.

A-t-il toujours réussi complètement dans ses entreprises ? Ses meilleurs amis n'en savent rien. Pour lui, les échecs, s'il en a eus, étaient des épreuves qui loin de l'ébranler affermissaient son courage. Il devait dire : Dieu nous les envoie pour fortifier notre caractère et pour donner à notre énergie un ressort plus grand.

Il manqua de belles occasions. La moitié de la mine de Drocourt aurait pu lui appartenir, comme le prouve la lettre ci-dessous qu'il reçut le 21 janvier 1874.

« Ce qu'il faut d'abord vous prouver, c'est que les
» sondages que nous allons exécuter n'auront pas des
» positions de hasard, que leur emplacement est mathéma-
» tiquement déterminé pour démontrer matériellement le
» prolongement des couches de houille exploitées aux
» fosses d'Hénin-Liétard et de Billy-Montigny en dehors
» des concessions de Dourges et de Courrières.

» Nous trouverons le terrain houiller à 150 mètres et
» comme les couches de houille y sont d'une abondance
» extrême (c'est le point le plus riche de France), nous ne
» tarderons pas à en trouver. En cas de réussite et d'obtention
» de concession, cette concession devient notre propriété à
» parts égales. Vous y jouez le rôle de Madame de Clercq
» et moi celui de M. Mulot, lors de la constitution de la
» Société de Dourges. »

Mais, créer Drocourt, c'était pour M. Élie Gruyelle, nuire à la Compagnie de Dourges, et il ne l'a pas voulu.

Le secret de ses derniers succès industriels, à une époque où une rude et sérieuse concurrence envahit toutes les branches de l'activité humaine est significatif et ne peut s'expliquer que parce que M. Élie Gruyelle a toujours pris sa vocation au sérieux, qu'il a toujours su déployer toutes ses ressources. C'est en pensant toujours à son œuvre que finalement la réussite couronnait ses efforts. Il s'enchaînait dans son métier si bien, qu'il n'en pensait plus sortir, qu'il le portait avec lui comme la tortue porte sa maison.

Il faut convenir cependant que ses débuts d'Entrepreneur eurent lieu dans des circonstances exceptionnelles, au commencement du grand mouvement industriel qui se développa d'une manière si énergique que nous sommes aujourd'hui étonnés d'un ralentissement qui paraît être un arrêt.

Peut-on reprocher à M. Élie Gruyelle d'avoir cru assez longtemps que le système gouvernemental de l'époque était pour quelque chose dans ce développement, mais c'était le même Gouvernement qui préconisait le système économique de 1860, dont on prend aujourd'hui le contre-pied.

M. Élie Gruyelle se maria à vingt-quatre ans, en 1856. Il faisait alors fonction de conducteur à la Compagnie du

Nord et c'est à ce titre qu'il fut chargé, en 1858, des études du raccordement de l'Usine de Ferrière-la-Grande à la ligne du Nord. Une grave résolution disposa de sa destinée : M. Dumont, propriétaire de ces usines et ancien député du Nord, lui proposa d'exécuter à son compte le projet qu'il venait d'étudier. Il accepta, soutenu et encouragé par ses beaux-parents qui offrirent toute leur fortune au jeune employé, qui n'avait, lui, que ses économies. Où sont-ils aujourd'hui, le beau-père et la belle-mère et jusqu'à la belle-sœur qui agissent ainsi ? Mais c'est que la confiance et l'estime étaient absolues et réciproques. Il y a là des titres de gloire pour tout ce monde d'action. Un échec, c'était la ruine, mais ils avaient tous la foi qui soulève les montagnes et la volonté de vaincre qui donne la victoire.

En épousant Mlle Louise Marchand , de Landrecies (Nord), M. Élie Gruyelle avait réussi au delà de toute expression à la loterie du mariage. Cette épouse accomplie, personnification de l'économie et de la simplicité de mœurs, sera de moitié dans les succès de son mari et ils arriveront ensemble à la fortune, sans pratiquer le culte de l'argent, cette grave maladie du XIXe siècle. Pendant 38 ans, elle sera sur la brèche en sachant toujours rester elle-même, sans jouer à la châtelaine. La fortune est impuissante à la changer et à lui dessécher le cœur.

A la mort de son père, M. Marchand, arrivée peu d'années après son mariage , Mme Marchand, sa mère et Melle Félicie Marchand sa jeune sœur , vinrent habiter sous le toit de M. Élie Gruyelle et ce toit ils ne le quitteront qu'à la mort. Ces trois femmes de courage et de cœur, forment une trinité, qui fait de la maison Gruyelle un Eden pour tous ceux qui la fréquentent, c'est un centre d'attraction, principalement, et surtout, pour tous les parents de M. et de Mme Élie Gruyelle — et ils sont nombreux — quelle que soit leur situation de fortune ou leur position. Grâce à eux, il n'y a pas d'orphelins dans leur famille, puisqu'ils remplacent père et mère décédés.

A l'époque des grands travaux du canal de Roubaix, les trois frères de M. Élie Gruyelle et un beau-frère, M. Bras-Gruyelle, sont ses collaborateurs. Les frères revenaient d'exécuter aussi de grands travaux à l'étranger ; Édouard et Louis, en Italie, Joseph, en Égypte et au Mexique. Et quand plus tard, M. Élie Gruyelle devint fabricant de sucre, c'est son père retraité à la Compagnie du Nord et sa mère et aussi sa plus jeune sœur qui viennent habiter près de lui. Son cœur déborde toujours d'affection, il n'a que de bonnes actions à son actif. S'il est modèle comme mari, il est modèle aussi, comme père, fils, frère et même comme beau-père. C'est l'homme parfait, nous n'hésitons pas à le proclamer, en tant qu'homme privé. Et comment une fille unique, née et élevée dans le milieu que nous venons de décrire, avec de pareils exemples sous les yeux, ne serait-elle pas la femme charmante, l'épouse adorée, la mère toute de cœur qu'est Mme Louis Gruyelle.

L'homme politique ? C'est ici que les critiques, il y en a toujours, m'attendent. Je les attends aussi, preuves en main.

Nous sommes au 6 Août 1870. M. Élie Gruyelle a trente-huit ans ; pour lui, de la politique on en fera toujours trop, si elle nuit au travail national et si elle prend le meilleur de notre temps, qui peut alors nous faire négliger nos propres intérêts. En fait de journaux, il a surtout lu le *Journal des Travaux Publics* et il reçoit l'inoffensif *Mémorial de Lille*. Il n'entend donc rien à la politique. C'est convenu. Il n'ira pas à elle, il ignore où elle habite et si elle mène aux honneurs, à la fortune, à la gloire ou... ailleurs. Il n'est que Français, ce qu'il y a de plus Français et il adore son pays. Il fait le bien pour le bien et le plus qu'il peut en faire et il ne saura de toute sa vie que prêcher l'apaisement et la conciliation.

A cette date, nous sommes en guerre avec la Prusse, et l'époque des élections municipales dans toute la France est arrivée. M. Élie Gruyelle va avoir terminé tous ses travaux de Roubaix, mais il n'habite pas encore Hénin-Liétard définitivement, il y a seulement des intérêts, un pied à terre

confortable dans sa maison de la rue de l'Abbaye,
aujourd'hui le Presbytère.

L'administration municipale n'a pas réussi à donner
une liste complète, des noms restent en blanc, M. Élie
Gruyelle est candidat à son insu et il obtient 312 suffrages
sur 912 votants. Il n'est pas élu. Proposé pour le ballottage,
voici sa réponse :

« Roubaix, le 12 Août 1870.

» Je refuse candidature que vous me proposez. Remer-
» ciez ces Messieurs pour moi, j'écris. »

La lettre reproduisant le télégramme ajoutait :

« Par la même occasion permettez-moi de vous prier
» de faire accepter du Conseil un deuxième don de cent
» francs sous condition qu'il serait distribué de suite dans
» votre commune d'Hénin-Liétard, par les soins de M. le
» Receveur municipal, aux familles les plus nécessiteuses
» de nos braves soldats qui sont à l'armée du Rhin. »

Tel est M. Élie Gruyelle, tel il sera jusqu'à son dernier
souffle. Il voit au-dessus et plus loin que les mesquines
questions électorales.

Après la guerre, les élections municipales furent recom-
mencées dans toute la France ; elles eurent lieu le 30 avril
1871. Le Maire, M. Dancoisne, avait cédé ses fonctions

au premier adjoint, M. Paul Galland, qui a montré beaucoup de tact et de dévouement dans un temps difficile. La liste municipale comprenait 22 membres sur 23 à nommer, le 23e, M. Auguste Wantier, étant mort bravement à la guerre. Aux électeurs on réservait le soin d'ajouter à la main le nom du 23e candidat. Il n'y avait pas de liste opposante. Il n'y eut pas de lutte et seulement 636 électeurs prirent part au vote sur 1189 inscrits. Les 22 furent nommés au premier tour et il y eut ballottage pour le 23e.

M. Élie Gruyelle était tout désigné comme ayant eu le plus de voix, soit 253. Il ne refusa plus de se laisser porter candidat et, le dimanche suivant, 7 mai, il passa haut la main. Des fumistes, pour qui rien n'est sérieux, et qui n'étaient ni ses ennemis ni ses adversaires — il n'avait encore ni les uns ni les autres — lui avaient opposé M. Leroy Hippolyte, maître d'hôtel.

Voilà donc M. Élie Gruyelle, conseiller municipal. Le Maire, avec la nouvelle loi doit être nommé par les conseillers ; c'est le docteur Demarquette qui est élu. Ce maire est franchement républicain, ce qui lui nuira beaucoup quand soufflera le vent réactionnaire du 24 mai 1873, jour de la chute de M. Thiers.

M. Élie Gruyelle, tout à sa fabrication de sucre — il a deux fabriques à diriger — ne fait pas plus de politique maintenant qu'avant la guerre. Mais, le Préfet, M. de

Rambuteau, qui a une dent contre M. Demarquette, cherche un candidat maire, pour mettre en pratique la nouvelle loi votée par l'Assemblée nationale, d'après laquelle la nomination des maires sera faite par les Préfets, fait faire le siège de M. Gruyelle pour le décider à accepter. C'est un piège tendu à sa neutralité politique, car il devra, quoi qu'il fasse et quoi qu'il dise, adopter une couleur politique. Il accepte d'être maire sous la République. C'est un bon choix que fait le Préfet, mais le nouveau maire sera plutôt soupçonné de secrètes sympathies pour la république ultra-modérée et ces soupçons seront cultivés et entretenus jusqu'à sa mort dans l'esprit des Préfets républicains qui vont se succéder, sauf interruption pendant l'époque du 16 mai. Certes, M. Élie Gruyelle sera en excellents termes avec les Préfets républicains qui viendront en amis s'asseoir à sa table, mais il sera boudé par la Cour qui rappellera aux Préfets que M. Élie Gruyelle eût pu, à certain moment, en 1880, s'il l'avait voulu, empêcher le candidat réactionnaire au Conseil général, du canton de Carvin, d'être réélu et déplacer ainsi la majorité du Conseil général dont le Président, M. le Marquis d'Havrincourt, n'était élu que par bénéfice d'âge : les deux partis dans le Pas-de-Calais étant exactement égaux en nombre.

Et chaque fois qu'un Préfet dira : M. Élie Gruyelle par son passé industriel, ferait honneur à la Légion, il n'osera pas faire la proposition. Ah ! Si M. Élie Gruyelle s'était purement désintéressé de la chose publique au lieu de s'y dévouer pendant plus de vingt ans, il y a de beaux jours que cette récompense lui aurait été donnée.

Ses funérailles auront été la réponse à cet oubli.

Et maintenant qu'Élie Gruyelle est mort, que dire à son gendre et à ses deux petits-fils ?

Deux mots qui résument tout : « Noblesse oblige ».

Ludovic BRETON.

Funérailles de M. Elie Gruyelle.

(Progrès du Nord).

Hier matin ont eu lieu dans cette ville les funérailles de M. Gruyelle-Marchand, fabricant de sucre, membre de la Chambre de commerce de Béthune et maire d'Hénin-Liétard depuis plus de vingt ans.

Plus de 3.000 personnes avaient tenu à accompagner à sa dernière demeure celui qui emporte dans la tombe l'estime même de ses adversaires. M. Gruyelle de modeste employé était parvenu à force d'énergie et de courage à se créer une situation prépondérante, il comptait du reste parmi les industriels les plus importants de la région du Nord.

Malheureusement son tempérament n'a pu résister aux fatigues d'un labeur excessif et d'une activité sans bornes ;

il n'est plus, mais il continuera à vivre dans le souvenir des Héninois qui le regrettent et qui auront toujours présent à l'esprit, l'exemple de sa vie toute de travail, de devoir et d'honneur.

Sur le parcours du cortège funèbre une double haie de curieux stationnaient, quantité de drapeaux cravatés de noir étaient aux fenêtres et tous les becs de gaz allumés étaient drapés de noir.

En tête marchaient les tambours, clairons et drapeau des Sapeurs-pompiers, puis venaient :

La musique des mines de Drocourt, la société de gymnastique l' « Étoile », la fanfare libre, la société des pêcheurs, les trompettes héninoises, la société la « Fraternelle », le personnel de l'usine Sartiaux, une délégation de la Compagnie des mines de Dourges, le corps enseignant et les élèves des écoles communales, l'Harmonie municipale, quantité de couronnes particulières et que l'on peut évaluer à 60 environ, le personnel de la sucrerie d'Estrées-Blanche, le personnel des établissements sucriers d'Hénin-Liétard, le clergé et les sapeurs-pompiers qui forment la haie.

Le corps placé sur un superbe corbillard, dont les cordons du poêle sont tenus par MM. Manceron, chef de cabinet du préfet ; Déprez, sénateur ; Mahieu-Sauvage, membre de la Chambre de commerce ; Gourlez, maire de

Montigny ; Voisin, directeur des mines de Dourges ;
Marenne, agent-voyer à Carvin, est suivi du Conseil
municipal d'Hénin-Liétard, des maires du canton de
Carvin, puis viennent les membres de la famille.

En l'absence de M. le Préfet retenu dans la Nièvre
par la mort de son père et de M. Viguerie, sous-préfet
de Béthune actuellement malade, l'administration dépar-
tementale était représentée par M. Manceron, chef
de cabinet de M. Alapetite, préfet, qu'accompagnait
M. Rodière, commissaire spécial du bassin houiller du
Pas-de-Calais.

Dans le cortège nous remarquons :

MM. Weil-Mallet, député du Nord; Pierre, inspecteur
d'académie ; Leluau, inspecteur de l'exploitation du
chemin de fer du Nord à Lille ; Breton, artiste peintre,
maire de Courrières ; Romain Sartiaux, métallurgiste à
Hénin-Liétard ; Béghin, Cavroy, fabricants de sucre ;
Dupont, banquier à Douai ; Delmiche, directeur des
mines de Drocourt ; Stiévenart de Lens, ancien sous-
préfet ; Douvrin, juge de paix, à Carvin ; Ludovic Breton,
ingénieur, directeur des travaux du tunnel sous-marin,
Spriet, fondeur, à Lens ; Gouillard, de Vermelles, chevalier
du mérite agricole ; Delaby, de Courcelles, avocat ; Louis
Cambier, fabricant de sucre à Pont-à-Vendin ; Averlant,

adjoint au maire de Béthune ; Rinquin, de Béthune ; officier d'académie ; Rigoulez, de Courrières ; Léchelle, inspecteur principal et Porchez, inspecteur de l'exploitation du chemin de fer du Nord ; Bedst, inspecteur primaire, à Béthune ; Tamboise, agriculteur, à Rouvroy ; Jules Duquesne, distillateur, à Carvin et autres notabilités appartenant au monde commercial et industriel de la région du Nord et qu'à regret nous oublions.

Discours de M. Hurez, premier adjoint.

Messieurs ,

En accompagnant jusqu'à sa dernière demeure l'homme de
bien que fut M. Gruyelle, grand industriel, maire d'Hénin-
Liétard, j'ai la triste mission comme membre de l'administration
municipale de retracer en quelques mots la vie de notre regretté
défunt.

Il débuta bien jeune dans la vie industrielle.

Né le 30 juillet 1832, il est issu d'une grande famille de
Dourges dont un des membres a été maire de cette commune.

A l'âge où beaucoup sont encore sur les bancs des écoles, il se
mettait au travail. Il aidait son père dans des travaux que ce
dernier exécutait pour le compte de la Compagnie du chemin de
fer du Nord.

Bientôt cette importante Société reconnut en lui des qualités
exceptionnelles.

Elle le chargeait de faire des études de chemins de fer. Il les
exécutait avec un talent qui fut remarqué.

Vers 1858, M. Dumont, maître de forges à Ferrière-la-Grande, désireux de faire établir un chemin de fer destiné à relier ses usines au chemin de fer du Nord, demandait à M. Gruyelle de lui en dresser les plans avec devis estimatif. Il le chargeait de l'entreprise. Déjà cet industriel avait reconnu en lui un homme réellement intelligent, actif, pratique.

Après ce premier succès, vers 1863, M. Gruyelle entreprit successivement à Lille : les travaux de démantèlement de la porte de Béthune, la dérivation de la Deûle, la construction d'aqueducs et ensuite l'ouverture des grandes artères devant former le nouveau Lille.

La réussite la plus complète couronna ses efforts. Il sut déployer une énergie, un ensemble de connaissances remarquables qui surprenaient les hommes les plus compétents.

Doué d'une activité prodigieuse, confiant en lui-même, il n'hésitait pas à entreprendre ensuite la construction du grand canal de Croix-Wasquehal.

C'était une entreprise difficile, plusieurs fois tentée, mais personne encore n'avait pu la mener à bonne fin ; tous échouaient d'une façon désastreuse.

Lui, cependant, sans crainte, se met à l'œuvre. Il a affaire à des terrains essentiellement sablonneux, mouvants. Les transports à traction animale sont difficiles. Des chevaux s'enlisent. Beaucoup périssent — jusque vingt dans une semaine. Il n'a aucune défaillance. C'est un homme aux résolutions promptes. Il emploie la traction mécanique par la vapeur.

Les obstacles ne peuvent résister à l'habileté de M. Gruyelle, à la rapidité qu'il met dans l'exécution de ses travaux et vers 1869, le succès encore couronnait ses efforts.

L'ingénieur des ponts et chaussées sous la direction de qui se faisait ce grand travail, recevait la croix de la Légion d'honneur.

Cependant M. Gruyelle désirait revenir vivre près des siens, dès 1862 il avait déjà élu domicile à Hénin-Liétard. En 1870 il vint y résider définitivement.

C'est à cette époque qu'il fit construire, rue de Douai, une fabrique de sucre modèle, près de laquelle bientôt s'élevait sa belle habitation.

Pendant la guerre de 1870, lorsque les Allemands étaient à nos portes — c'était l'invasion — l'administration de la guerre, inspirée par les ingénieurs des ponts et chaussées qui avaient apprécié M. Gruyelle, le réquisitionnait pour exécuter les travaux destinés à provoquer les inondations qui devaient être la sauvegarde de nos places fortes du Nord.

Bientôt après, il fait l'acquisition d'une seconde fabrique, située aussi à Hénin-Liétard, rue de Beaumont. Les affaires de cette usine paraissaient compromises. Il fait preuve d'un grand désintéressement. — Il ne veut pas qu'un reproche l'atteigne. — Il se substitue à chacun des actionnaires qu'il rembourse intégralement.

Il fait l'étonnement de la population, lui qui avant d'avoir terminé ses entreprises de travaux publics n'avait pas la moindre notion de la fabrication de sucre. — Il se révèle comme un fabricant de premier ordre. — Il réussit encore. — C'est qu'il a un cerveau puissamment organisé, il s'assimile sans efforts les connaissances qui lui manquent.

Mais il faut du travail et toujours du travail à cet homme débordant d'intelligence et d'activité.

Lors de la mise en adjudication des travaux du bassin Freycinet, à Dunkerque, M. Gruyelle n'hésite pas à soumissionner. — Nombre de concurrents se trouvaient près de lui. — Un seul soumissionnaire offre un rabais un peu supérieur au sien, ce travail lui échappe. — Il s'agissait d'une entreprise se chiffrant par plusieurs dizaines de millions.

En 1882, il fait l'acquisition de la belle fabrique de sucre d'Estrées-Blanche.

Aujourd'hui ses établissements peuvent produire 125.000 sacs de sucre, soit mille deux cent cinquante wagons de dix mille kilogr.

Il était l'un des grands propriétaires sucriers de France.

Rien ne semblait impossible à M. Gruyelle.

Le succès a toujours couronné ses efforts.

Et pourtant que d'effondrement, que de ruines se sont appesanties sur les fabricants de sucre !

Qui peut prévoir à quels nouveaux travaux il songeait encore de se consacrer?

Avec les années, il semblait que chez lui la soif du travail grandissait.

C'est à la suite des élections de 1871 que M. Gruyelle débuta dans la vie publique. Sa remarquable intelligence, sa grande connaissance des affaires, sa situation industrielle le désignaient au Préfet qui lui confia en 1874 le mandat de maire d'Hénin-Liétard.

Il a rempli ces fonctions, sans interruptions, jusqu'à ce jour.

Jamais personne ne s'acquitta de sa mission avec plus de tact, de zèle, de dévouement, d'impartialité, plus de compétence.

Tous ceux qui l'ont approché savent le bonheur qu'il éprouvait à rendre service.

Il ne se préoccupait pas de connaître si celui qui demandait qu'on s'intéressât à lui fût un ami — un indifférent ou pire — ni quelle était son enseigne politique.

Il n'avait qu'une pensée, qu'une volonté : bien faire, rendre service, faire le bien, être impartial.

M. Gruyelle avait eu à diriger, dans ses entreprises de travaux publics, jusque plusieurs milliers d'ouvriers.

Esprit droit, foncièrement honnête, très libéral, il avait été en situation d'apprécier ce qui était utile à l'ouvrier, ce qui lui manquait.

C'est avec bonheur que sa bourse était toujours ouverte pour secourir le pauvre, pour venir en aide à l'infortune.

Les secours matériels ne suffisaient pas — il reconnaissait que l'instruction manquait au peuple et qu'il devait aider à son développement intellectuel.

Lui qui avait dû tant apprendre par lui-même, il aurait voulu répandre l'instruction sur tous.

N'était-ce pas du libéralisme et du plus pur ?

Dans cette voie que n'a-t-il tenté, que n'a-t-il fait !

En 1874 la ville d'Hénin-Liétard, possédait :

1° Une école de garçons, rue de l'Abbaye, dirigée par des frères maristes ;

2° Une école de filles avec asile, rue des Anges, dirigée par des sœurs ;

3° Une école libre de jeunes gens, rue Mont-Pencher.

Ces diverses écoles comptaient à peine 500 élèves.

Aussi estimait-il qu'il y avait urgence à faire plus.

Dès 1878 il obtenait du Conseil municipal, toujours heureux de suivre l'impulsion de son maire dans cet esprit de progrès, la création d'une école laïque de garçons, rue Mont-Pencher. M. Camescasse, alors Préfet du Pas-de-Calais, vint inaugurer cette école en 1880.

En 1882 on construisit rue du Hanovre, l'école laïque de filles avec un asile.

A la même époque l'école de la rue de l'Abbaye dirigée par les frères maristes fut laïcisée.

En 1887, on fit de nouvelles constructions à l'école de la rue Mont-Pencher à l'effet de doubler le nombre des classes.

En 1894 l'agrandissement de toutes les écoles était encore à l'ordre du jour et décidé et pourtant elles pouvaient déjà donner l'instruction à plus de 2.000 élèves.

Tous ces travaux exécutés en vue de l'enseignement populaire ne suffirent point.

M. Gruyelle voulait que l'ouvrier, que tout le monde puisse recevoir dans sa commune l'instruction primaire supérieure, qu'à la sortie de nos écoles la jeunesse puisse prétendre aux premiers grades universitaires ; au baccalauréat.

C'est dans cet ordre d'idées qu'il a demandé et obtenu du Ministère la création, rue Mont-Pencher, d'une école primaire supérieure que nous envient des communes bien plus importantes qu'Hénin-Liétard. Il n'y a que trois écoles primaires supérieures dans le Pas-de-Calais.

La voirie a également été l'objet de la sollicitude de M. Gruyelle.

Presque toutes les rues ont été repavées, elles ont été pourvues d'une chaussée de 5 mètres.

Un projet de construction de trottoirs pour toutes les rues de la ville devait être présenté.

La culture toujours si éprouvée n'était pas non plus oubliée : 10 kilomètres environ de chemins ruraux devaient être pavés sur 3 mètres de largeur.

Des mesures sérieuses ont été prises aussi en vue de l'assainissement de la ville.

En 1876, il fit construire avec l'autorisation de son conseil municipal, un abattoir qui fonctionne aussi bien que possible — deux inspecteurs sanitaires vétérinaires font journellement le service d'inspection des viandes de boucherie.

Pour subvenir à la dépense nécessaire, pour payer tous ces travaux, il a fallu des sommes considérables, et pourtant

M. Gruyelle a pu faire que l'imposition locale n'ait pas augmenté d'un centime depuis qu'il a fait ses débuts dans la carrière administrative.

M. Gruyelle, comme maire, était un agent du gouvernement.

A ce titre, il a su se faire aimer, respecter dans tous ses actes publics, son administration était dirigée de la façon la plus ferme, la plus droite, la plus honnête, c'était, selon lui, le meilleur moyen de faire aimer et respecter le gouvernement de la République.

Il nous semblait que Gruyelle, à peine âgé de 62 ans, avait encore de longues années à mettre au service de son industrie et de notre ville.

Sa famille qu'il aimait tant, pour laquelle il eût tout sacrifié est cruellement frappée ; un vide bien grand se fait autour d'elle.

Mais l'estime, le respect, l'admiration de tous pour ce mort, doit être un adoucissement à sa grande douleur.

La postérité conservera la mémoire de Gruyelle.

La ville d'Hénin-Liétard se fera, nous l'espérons, l'honneur de perpétuer son souvenir.

Gruyelle, mon parent, mon respecté ami, Adieu, adieu.

Discours de M. Eugène Bernard,

Administrateur du Bureau de Bienfaisance.

Messieurs,

Chargé, par mes collègues de l'Administration de Bienfaisance de la ville d'Hénin-Liétard, de dire à notre vénéré Président un dernier adieu, c'est le cœur rempli de tristesse que je m'acquitte de ma mission. Ah ! c'est que M. Gruyelle ne fut pas seulement un homme intègre, un administrateur intelligent, ce fut surtout un véritable « père des pauvres ». En effet, quand par la pensée je me reporte en arrière, et que je vois le maire d'Hénin-Liétard, donnant de ses propres deniers, la main toujours largement ouverte aux demandes des indigents et pendant plus de vingt ans ne passant point une journée, sans avoir à son actif, plusieurs bonnes actions qui mettaient un rayon d'espérance dans le ciel souvent bien noir des déshérités de la vie, je dis que cet homme était grand, que mieux il était bon.

Eh bien, je crois pouvoir dire sans crainte de me tromper, que si M. Gruyelle est mort, tout cependant ne disparaîtra pas complètement en lui, car le souvenir du bien qu'il a fait restera gravé dans le cœur de ceux qu'il a obligés et dans la mémoire de ceux qui en ont été les témoins. Aussi, reporterons-nous les sentiments d'affection qui nous unissaient à M. Gruyelle sur les êtres qui lui étaient chers, et qui le lui rendaient bien, c'est-à-dire, sur sa noble et douce compagne, sur sa fille, sur ses frères et sœurs, sur son gendre et sur ses petits-enfants et de cette façon nous rendrons encore hommage à l'homme de bien que nous pleurons.

Monsieur Gruyelle, au nom de votre famille, au nom de l'Administration de Bienfaisance, au nom de cette foule innombrable accourue de toutes parts à vos obsèques, au nom de tous ceux que vous avez obligés, j'ai la douleur de vous dire un suprême et dernier adieu.

Discours de M. André Déprez,
Sénateur du Pas-de-Calais,
Au nom de la Chambre de Commerce de Béthune.

MESSIEURS,

Je voudrais ne pas prolonger davantage cette triste cérémonie ni raviver votre douleur que viennent de rendre plus poignante encore les émouvants discours qui ont fidèlement retracé la vie si pleine de dignité, si féconde en services rendus, du regretté maire de cette cité en deuil.

Je ne puis cependant m'éloigner de cette tombe sans dire à mon tour un dernier adieu au vénéré collègue qui m'honora de son amitié et qui tint une si large place au sein de la Chambre de Commerce de Béthune dont il emporte l'estime ainsi que les regrets.

Par la sûreté de son jugement, par la droiture de son caractère, par l'affection qu'il inspirait à ceux qui l'approchaient, M. Élie Gruyelle avait conquis le premier rang dans notre Compagnie où il exerçait, sans effort, un ascendant dont le ressort était dans son cœur.

Je dépose sur sa tombe cette modeste couronne, pieux souvenir de collègues attristés et je salue une dernière fois, avec toute la ville ici debout et pleurant son bienfaiteur, ce vaillant qui va, après une vie de labeur infatigable, reposer en paix au milieu de ceux qu'il a tant aimés.

Monsieur Gruyelle, notre ami à tous, adieu !

Discours de M. Voisin,

Directeur des Mines de Dourges.

Messieurs,

Le Directeur de la Compagnie des Mines de Dourges, en son nom et au nom du Président du Conseil d'administration, M. de Clercq, retenu à Cannes, et qui l'a tout spécialement chargé d'exprimer ses regrets de ne pouvoir assister à cette cérémonie, vient dire un dernier adieu à l'homme si universellement aimé de toute la population, qui accompagne aujourd'hui son cercueil.

La consternation générale qui s'est manifestée dans notre pays à l'annonce de la fatale nouvelle de la mort de M. Gruyelle, montre assez quelle place prédominante il y occupait et quel vide immense laisse au milieu de nous sa disparition, peu de jours après qu'on le voyait encore dans toute la plénitude de ses forces.

Une voix plus autorisée a retracé en détail la vie de M. Gruyelle. Qu'il me soit seulement permis de dire que, de quelque côté qu'on envisage cette existence remarquable, uniquement formée de travail et de dévouement, apparaît en pleine lumière la merveilleuse supériorité de celui que nous avons perdu.

Travailleur infatigable, doué d'une vaste intelligence, M. Gruyelle, après de brillants succès dans des entreprises considérables de travaux publics, a doté son pays d'usines modèles et grandioses, qui l'ont placé au premier rang des industriels français.

Animé du besoin de se dépenser pour ses concitoyens, M. Gruyelle n'a pas craint de joindre à ses importants travaux la charge des fonctions publiques, malgré le surcroît de préoccupations qui devait en résulter pour lui.

Faisant face à toutes ses obligations, constamment à la hauteur de toutes les circonstances, il a dépensé ses forces sans compter, agissant toujours avec le plus admirable désintéressement, ne cherchant sa récompense que dans la satisfaction de l'accomplissement du devoir, l'affection et la haute estime de ses concitoyens, toutes choses, qui, heureusement, ne lui ont pas manqué et ont adouci son rude labeur de chaque jour.

D'une bienveillance sans bornes, M. Gruyelle était profondément affectionné de tous ceux qui l'approchaient. Il accueillait tous ses concitoyens, à quelque classe qu'ils appartinssent, avec une cordialité affectueuse, qui touchait profondément tous les cœurs. On se rappellera longtemps à Hénin-Liétard ce maire, d'un abord si facile, qui savait trouver pour chacun une parole aimable, et, dans toutes les circonstances, le mot juste pour impressionner vivement le cœur et l'esprit. Sa générosité était proverbiale et il est inutile d'insister sur le chagrin, qu'éprouvent les pauvres, en se séparant de leur maire qu'ils aimaient tant.

M. Gruyelle quitte cette terre, au delà de laquelle le portait du reste sa pensée, après une vie de bienfaits, qui recevra sa récompense. Nous adressons à sa famille désolée nos respectueuses condoléances et c'est avec la plus profonde douleur que nous envoyons à notre cher et regretté maire et ami un dernier adieu !

Discours de M. Cartulat,

Directeur de la Fabrique de Sucre d'Estrées-Blanche.

Monsieur Gruyelle,

Au nom de tout le personnel de vos usines d'Hénin-Liétard et d'Estrées-Blanche, je viens vous dire le dernier adieu, franchir cette dernière barrière après laquelle se trouve l'infini, où toute relation matérielle disparaît, nous montrant la fragilité de notre pauvre matière, fragilité dont vous êtes un exemple frappant, vous, dont la constitution nous permettait d'espérer vous servir de longues années encore et dont une terrible maladie a terrassé un tempérament extraordinaire.

Mais nous devons voir plus loin que la tombe.

Votre inspiration, vos exemples vous survivent et tous ceux qui vous connaissent, vos subordonnés surtout, puisque c'est en leur nom que je parle, n'oublieront jamais la grandeur de caractère, l'intelligence particulière, l'énergie indomptable qui ne vous ont jamais fait défaut et qui prenaient une ampleur plus grande encore dans les circonstances difficiles.

Lorsque en 1882, voilà déjà treize ans, il nous semble que c'est hier, vous prîtes possession de l'usine d'Estrées-Blanche, le personnel de l'ancienne administration fut conservé par vous dans tout son entier. — Quelques craintifs seuls s'étaient éloignés, ils le regrettèrent, ils le regrettent encore, — vous saviez que ce qui fait les bons employés, c'est le bon patron. — Vous saviez que, comme dans l'armée le soldat devient brave quand il a confiance dans son chef, de même dans l'industrie le subordonné se façonne sur son patron, suit l'impulsion qui lui est imprimée et rend des services en raison directe de la confiance qu'il acquiert forcément par cette influence morale qui, en quelque sorte l'hypnotise.

Or, qui avait le don plus que vous, Monsieur Gruyelle, de s'imposer aux vôtres, de les dominer par votre supériorité, par votre volonté ; plus encore par votre bonté, car il faut le dire bien haut, votre bonté était l'égale de l'énergie que tout le monde vous connaissait, et si vous désiriez que chacun remplit son travail, du moins vous saviez que chacun aussi a sur la terre sa mission à accomplir et vous récompensiez généreusement, très généreusement les services consciencieux.

Et ce serait une erreur de croire que votre énergie, qu'on pourrait qualifier de légendaire, vous rendait exigeant ; vous étiez au contraire d'une tolérance peu commune, sachant que ce n'est pas par la violence qu'on obtient quelque chose, qu'au contraire l'on paralyse les facultés, et que c'est par le raisonnement, par l'exemple, toujours par l'exemple, que l'on vient à bout de ce que l'on veut.

Monsieur Gruyelle, l'annonce de votre mort a causé parmi les ouvriers une stupéfaction profonde. — On ne pouvait croire qu'une aussi terrible catastrophe fut survenue, quand un mois auparavant on vous voyait prenant vos dispositions pour l'étude de nouvelles modifications ayant pour objet l'accroissement du matériel pour arriver à l'augmentation du travail, car le travail était votre but : toujours produire davantage pour diminuer le prix de revient et surmonter cette crise qui n'est pas commune à la Sucrerie, mais qui ne la rend pas moins critique, faciliter ainsi la production de la betterave, cette plante qui a fait la fortune de la culture et qui est destinée encore à parer dans une certaine limite aux difficultés qu'éprouvent les Cultivateurs.

Aussi, ces derniers, comme les ouvriers de fabrique, sont-ils consternés de l'événement qui fait disparaître de la société celui qui a tant fait pour elle.

Son œuvre, qui ne périra pas, devrait, en ces temps quelque peu orageux, servir d'exemple ; il sera continué et, comme tout sur cette terre, prendra un nouveau développement, malgré la disparition de celui que nous pleurons aujourd'hui.

S'il m'était permis d'ajouter quelques mots pour exprimer mes sentiments envers sa famille, je dirais combien nous vénérons tous cette sainte femme, digne compagne d'un mari pareil qui laisse dans son intérieur un vide qui ne sera jamais comblé malgré le temps qui aplanit toutes les souffrances. — Je dirais combien les miens sont reconnaissants à M. Gruyelle et à toute sa famille des bontés qu'ils n'ont cessé de nous prodiguer, qui nous en ont ouvert les portes comme si nous en faisions partie et qui ne se sont pas trompés car nous avions pour eux tous une affection respectueuse qui grandira encore, si possible, par le terrible événement qui nous réunit tous en ce jour.

Oui, Monsieur Gruyelle, tous, vos collaborateurs dans vos grands travaux, nous avions pour vous une admiration et une vénération qui ne faibliront pas par l'absence. Nous reporterons sur les vôtres le dévouement sans bornes que nous vous avions voué ; nous honorerons votre mémoire qui ne s'éteindra jamais en nous ; nous nous étudierons à suivre de plus en plus vos exemples en nous initiant davantage à vos inspirations que nous aurons toujours à tâche de pénétrer malgré que vous ne serez plus là ; et nous sommes certains de remplir les désirs de votre âme en vous disant que devant cette tombe qui va se fermer à jamais nous prêtons serment à celui qui va vous continuer, d'être, comme nous l'étions pour vous-même, pénétrés du plus entier dévouement.

Monsieur Gruyelle, Adieu.

Discours de M. Warembourg,
Directeur de l'École primaire d'Hénin-Liétard.

Messieurs,

Permettez-moi de joindre mes humbles regrets à ceux qui viennent d'être exprimés par des voix si éloquentes.

Quoique indisposé, j'ai pensé qu'il fallait aujourd'hui braver la rigueur du froid pour rendre hommage à celui qui ne connaissait pas la souffrance quand il s'agissait de faire son devoir.

C'est au nom du personnel enseignant de la Ville et des enfants de nos écoles que je veux parler.

Pourrions-nous sans ingratitude garder le silence en cette circonstance si tristement mémorable, nous qui avons été comblés de bienfaits par l'homme de cœur autour de la tombe duquel se presse cette foule éplorée ?

M. Gruyelle aimait les maîtres de l'enfance ; il était pour eux plein de sollicitude ; il cherchait à améliorer leur position et craignait toujours qu'il ne leur manquât quelque chose ; il les traitait avec bonté et les encourageait par les témoignages d'affection qu'il leur prodiguait. Il était si persuasif lorsqu'il plaidait leur cause devant le Conseil municipal qu'il la gagnait toujours.

Aussi les postes d'Hénin-Liétard étaient recherchés par tous les maîtres du Département. Chacun savait qu'on vivait heureux dans cette cité paisible, où l'on était à l'abri de l'indifférence et des mesquines tracasseries qu'on rencontre encore dans certaines localités.

On comprend que notre tâche, si pénible qu'elle fût, devenait légère pour nous ; nous la supportions avec plaisir, et nous nous sentions dans l'obligation de faire beaucoup, de redoubler d'efforts pour nous montrer dignes des attentions délicates dont nous étions l'objet. C'est dire combien fut grande notre inquiétude quand nous apprîmes que la maladie dont souffrait notre Maire bien-aimé était dangereuse ; c'est dire combien la fatale nouvelle, à laquelle nous ne voulions pas croire, a retenti douloureusement dans nos cœurs.

La sollicitude de M. Gruyelle pour le personnel enseignant s'étendait aux écoles. Cet ami de l'instruction populaire voulait que rien n'y manquât, et sa bourse était toujours ouverte quand il s'agissait d'en perfectionner l'outillage. Nous ne pouvions le rencontrer sans qu'il s'informât de nos besoins, et il ne nous quittait jamais sans nous recommander de ne rien épargner pour obtenir de bons résultats.

Une de ses ambitions les plus chères était de faire des établissements scolaires d'Hénin-Liétard des écoles modèles ; nul doute que, secondé par un Conseil municipal qui partageait ses idées de progrès, il n'y eût réussi si la mort aveugle, impitoyable, n'était venue frapper inopinément cette tête puissante.

Mais, où le cher défunt se trouvait surtout heureux, c'était au milieu des enfants. Il aimait à visiter nos écoles et savait trouver des paroles qui allaient au cœur des élèves.

Aussi c'était une véritable fête pour eux quand ils le voyaient arriver. Avec quel plaisir, avec quel entrain ils unissaient leurs petites voix pour s'écrier : « Vive M. le Maire ! » Leur instinct leur disait qu'il y avait en lui un bienfaiteur, un ami dévoué. — Ces êtres, si différents d'âges et de pensées, se comprenaient parfaitement ; un courant de sympathie réciproque les mettait en communication.

M. Gruyelle ne savait donner aucune fête sans que les enfants y participassent. Tout son bonheur, au 14 Juillet, était de les voir évoluer sur la place et de les applaudir. Il conduisait lui-même les plus grands à la Mairie pour leur offrir des rafraîchissements ; là, il levait son verre à leur santé et leur adressait des paroles patriotiques qui les transportaient d'enthousiasme.

Parlerai-je de la distribution des dragées, des lanternes pour la retraite aux flambeaux ? Quelle animation ! Quelle joie ! Le riche industriel, le grave magistrat se faisait enfant avec les enfants ; il savait donner à ces riens un charme dont il a probablement emporté le secret.

M. Gruyelle aimait à joindre l'utile à l'agréable. Il faisait de nombreux sacrifices personnels pour encourager les élèves. Chaque année il donnait de sa bourse un livret de caisse d'épargne à tous ceux qui obtenaient le certificat d'études primaires ; il leur payait de temps en temps un voyage à la mer ; il a habillé et équipé à ses frais nos bataillons scolaires. En un mot, il s'ingéniait tous les ans à trouver quelque chose de nouveau pour faire plaisir à nos jeunes écoliers et les exciter au travail.

Pauvres enfants ! la perte que vous éprouvez est grande, plus grande que vous ne pouvez le comprendre. Un temps viendra sans doute où vous saurez l'apprécier.

En attendant, pensez à celui qui vous a tant aimés, qui a voulu si énergiquement votre bonheur, qui y a travaillé de toutes ses forces. Ne l'oubliez jamais dans vos prières, et joignez-vous à vos maîtres pour lui adresser un suprême adieu.

Discours de M. Ridoux,

Membre du Conseil d'administration du Chemin de fer d'Estrées-Blanche.

MESSIEURS,

Le Conseil d'Administration du Chemin de fer d'Estrées-Blanche manquerait à ses devoirs s'il ne venait pas dire un suprême Adieu à l'homme qui fut son collaborateur, son conseiller, son ami.

Nous avons été les témoins de son activité, de sa vaste intelligence, nous pouvons dire de son heureuse confiance dans toutes les affaires.

L'usine d'Estrées-Blanche qui était déjà l'une des plus importantes de la région a pris avec lui une nouvelle extension, elle est cotée à juste titre comme une des premières usines de France.

La population laborieuse des communes voisines aurait comme la plus noire misère sans les salaires distribués annuellement par cette puissante exploitation.

M. Gruyelle, quoi qu'on en puisse penser, a été la Providence des travailleurs et c'est là le secret de la popularité qui lui a valu d'être constamment réélu à la première magistrature dans une cité essentiellement ouvrière.

Les agriculteurs des autres contrées ont vu sombrer l'une après l'autre les fabriques de sucre qu'ils avaient, il y a quelques années à leur porte, les cultivateurs de cette partie du Pas-de-Calais étaient heureux de voir M. Gruyelle résister à toutes les crises et maintenir dans leur pays des éléments de prospérité qui avaient disparu partout ailleurs antour d'eux.

Nous croyons être leur interprète en les associant au suprême hommage que la société d'Estrées-Blanche rend à la mémoire de M. Gruyelle.

Nous savons que la famille ne laissera pas péricliter les intérêts considérables qui gravitent autour de l'usine d'Estrées-Blanche.

La mémoire ne vivra pas seulement dans les cœurs de ceux qui ont approché cet homme de bien et de ceux qui ont été liés avec lui par une communauté d'intérêts ou d'amitié, elle vivra dans son œuvre qui sera continuée par ceux qu'il a formés à son école et qui s'inspireront de ses dernières volontés.

M. Gruyelle-Marchand, votre existence a été celle d'un homme intelligent, loyal et bon, nous conserverons votre pieux souvenir.

Au nom de la société d'Estrées-Blanche, au nom de tous les habitants de la région, Monsieur Gruyelle, Adieu ! !

Discours de M. Ansart,

Adjoint au Maire de Vimy.

MESSIEURS,

C'est au nom du Conseil municipal de Vimy et de la commune entière, que j'ai le pénible devoir d'adresser un dernier adieu à l'honorable M. Gruyelle.

Depuis longtemps la commune de Vimy manifestait le désir de voir établir, sur son territoire, une halte ou gare à marchandises ; mais les efforts tentés de divers côtés étaient restés vains.

Le Conseil municipal actuel, grâce au puissant et bienveillant appui du regretté M. Gruyelle, vient d'obtenir, de la Compagnie du Chemin de fer du Nord, un garage pour marchandises.

Le projet d'ensemble, élaboré par ladite Compagnie, sur les instances réitérées de celui que nous pleurons aujourd'hui, n'est pas entièrement réalisé ; mais ce n'est plus qu'une question de jours.

M. Gruyelle disparaît sans avoir vu achever complètement l'œuvre qu'il avait de si bon gré entreprise ; mais il a fait le nécessaire, et il ne reste plus, à l'heure actuelle, au Conseil municipal de Vimy et à la commune entière, qu'à adresser un sincère et dernier remerciement à cet homme dont la vie a été toute de travail, d'honnêteté et de loyauté.

Au nom de la Commune de Vimy, M. Gruyelle, une dernière fois, merci et adieu.

Discours de M. Gourlet,

Maire de Montigny.

Messieurs,

En dehors des liens d'amitié qui m'unissent à la famille de l'homme de bien et à ce grand génie que nous accompagnons à sa dernière demeure, je croirais manquer à mon devoir de collègue bien-aimé, si je ne venais lui adresser le suprême adieu.

Quand j'arrivais jeune encore, il y a dix-sept ans, à la tête de la commune que j'administre, je trouvai déjà sur la brèche M. Élie Gruyelle que ses concitoyens avaient choisi pour lui confier les intérêts de cette ville importante. Dans toutes les circonstances où nos devoirs administratifs nous ont réunis, j'ai eu l'avantage d'apprécier comme vous les qualités de cœur de celui qui fut pendant vingt ans votre Maire dévoué, dirigeant sa commune en véritable père de famille, pensant à tout et s'occupant de tous ; surtout des malheureux et des déshérités de ce monde. Sous son administration vigilante et sage, nous avons vu la ville d'Hénin-Liétard se transformer comme par enchantement.

Maisons d'école. — Places publiques. — Egouts. — Etablissements de toute sorte, amélioration du sort de tous, rien n'a échappé à sa sollicitude.

Comme homme privé, vous avez tous connu M. Élie Gruyelle affable, bon et généreux, travailleur infatigable, cherchant par tous les moyens possibles à relever cette belle industrie sucrière, objet constant de ses rêves, qui malheureusement tend à décroître.

Je pourrais, Messieurs, faire une plus longue énumération des travaux immenses faits par M. Élie Gruyelle, en faveur de la ville d'Hénin-Liétard, qui perd en lui un administrateur intègre et dévoué. Mais je ne veux pas prolonger plus longtemps les angoisses de cette digne famille, pleurant le meilleur des époux et le plus dévoué des pères.

Qu'elle me permette seulement de lui exprimer pour son unique consolation et sans vouloir pénétrer les secrets d'en haut, que quand on a, comme M. Élie Gruyelle, défendu toute sa vie les malheureux, quand on a compris et pratiqué comme lui la grande loi du travail et de l'honneur, on peut espérer la récompense promise à ceux qui ont passé en faisant le bien.

Au nom de tous mes collègues du canton, adieu, M. Élie Gruyelle, mon cher collègue, adieu.

Discours de M. Théry,
Vice-Président de la Musique Municipale d'Hénin-Liétard.

Au nom de la Musique municipale, qu'il me soit permis de donner un dernier témoignage d'affection à celui qui nous quitte et dont nous pleurons ici la perte.

Pendant vingt ans, Président d'honneur de la musique municipale, M. Gruyelle avait su s'attirer le respect, l'estime et la sympathie de toute la Société et lorsque dans ces dernières années nous avions la douleur de perdre notre regretté Président-Fondateur M. Henri Dancoisne, c'est vers lui que tous les regards se dirigèrent.

Unanimement nous avions pensé que lui seul pouvait continuer cette œuvre si bien commencée qui parfois est un peu lourde.

Il sut de suite se montrer l'organisateur intelligent, l'organisateur modèle tel qu'en toutes choses nous l'avons connu et nous eûmes en lui un président dévoué, bon et généreux, dont les musiciens conserveront toujours le meilleur souvenir.

Puisse ce respectueux hommage que j'apporte en m'inclinant sur cette tombe être pour sa famille éplorée, non pas une consolation, je sais qu'il y a des douleurs qu'on ne peut pas consoler, mais un adoucissement à leur amère souffrance ; qu'ils sachent bien que nos regrets s'unissent aux leurs ; que celui qu'ils pleurent nous le pleurons aussi, et que c'est avec un sentiment de sincère et profonde tristesse que nous lui disons aujourd'hui et pour toujours hélas !

Cher Président, adieu !

LILLE, IMP. L. DANEL.